ÉPISODES

DE LA

RÉVOLUTION DU 24 FÉVRIER 1848.

Imprimerie SCHNEIDER, 4, rue d'Erfurth.

ÉPISODES DE LA RÉVOLUTION DU 24 FÉVRIER 1848.

PRISE DES TUILERIES.

Invasion de la Chambre des Députés.

INSTALLATION DU GOUVERNEMENT PROVISOIRE
à l'Hôtel de Ville.

REMISE DU DRAPEAU DU TRONE A LA MAIRIE DU 10ᵉ ARRONDISSEMENT.

NOTICE HISTORIQUE

AVEC PIÈCES JUSTIFICATIVES,]

Dédiée à la Xᵉ Légion

PAR LE CITOYEN VEYNE.

PARIS

CHEZ L'AUTEUR, RUE JACOB, 46;
Et au dépôt, rue du Four-Saint-Germain, 40.

1848

Épisodes de la Révolution de Février 1848.

Ces épisodes sont un de nos plus beaux faits révolutionnaires ; ils sont presque inconnus même dans la 10ᵉ légion ; la modestie des *acteurs*, l'envie et la jalousie des *ambitieux repus*, se sont en quelque sorte coalisées pour laisser dans l'ombre des actes héroïques. J'ai dû les recueillir dans l'intérêt de l'histoire et pour l'éternel honneur de la 10° légion.

J'avais rencontré bien souvent le capitaine Dunoyer pendans les jours qui suivirent la révolution ; il ne m'avait pas dit un seul mot de sa *campagne*. J'appris qu'il s'était signalé dans la journée du 24 février, je l'interrogeai, il me raconta. — Lorsqu'il eut fini son récit, je lui dis ; « Capitaine, vous serez notre colonel. » J'en appelle avec confiance à la 10ᵉ légion, lorsqu'elle aura lu cette belle page de notre histoire.

Cette notice est *exactement* historique. Voici comment je l'ai écrite. J'ai recueilli chaque fait de la bouche de Dunoyer ; pendant qu'il parlait, j'écrivais. J'ai vu ensuite quelques-uns de ses compagnons d'armes, ils m'ont raconté leur histoire, fait par fait ; je suivais leur récit sur les pages déjà écrites. Ce travail terminé ; j'ai rassemblé chez moi vingt-quatre combattants de la colonne Dunoyer, je leur ai fait lecture de cette notice, les priant de m'interrompre lorsqu'ils la trouveraient inexacte ou incomplète ; j'ai tenu compte des observations de chacun ; lorsque l'assemblée entière a eu reconnu mon travail exact dans ses moindres détails, je l'ai livré à l'impression.

Parmi les pièces justificatives, j'ai placé la liste des citoyens combattants auxquels j'ai donné lecture de cette notice.

EPISODES DU 24 FÉVRIER 1848.

Le 24 février, à sept heures et demie du matin, le 4e bataillon de la 10e légion stationnait sur le quai Voltaire, sous le commandement du chef de bataillon Robinet : la nouvelle se répand qu'une lutte est engagée, rue Dauphine, entre la garde municipale et le peuple ; le bataillon demande à marcher. La plupart des gardes nationaux n'ont pas de cartouches, n'ayant pu en obtenir, malgré leurs réclamations énergiques. Les tambours battent la charge, le bataillon se met en marche, et arrive au Pont-Neuf. La 11e légion occupant déjà la rue Dauphine, ordre est donné de reprendre position sur le quai Voltaire. Là, d'énergiques réclamations sont adressées au commandant ; on apprend à chaque instant que le sang coule dans différents quartiers ; le bataillon demande à grands cris des cartouches, pour passer le pont des Saints-Pères, la prise des Tuileries devant immédiatement terminer la lutte engagée entre les troupes et le peuple. Le chef de bataillon résiste : il n'a pas d'ordres, les cartouches manquent, et il n'a aucun moyen de s'en procurer. C'est alors que le capitaine Dunoyer, indigné de l'inaction des chefs, se sépare brusquement du bataillon, et, suivi d'un détachement de sa compagnie (3e compagnie, 4e bataillon), les tambours Sauvineau et Pagniez en tête, se dirige par la rue des Saints-Pères sur la mairie du 10e arrondissement ; là, des cartouches sont impérieusement demandées : le major Sijas en fait remettre quatre ou cinq à chaque chasseur. Dix élèves environ de l'Ecole polytechnique arrivent en ce moment à la mairie et se mettent dans les rangs.

Il était neuf heures environ. On apprend que la prison de l'Abbaye, défendue par un poste de la ligne, est attaquée par le peuple. Le détachement se dirige vers cette prison, par les rues du Dragon, Taranne et Sainte-Marguerite. Les soldats désarmés, sac au dos, fraternisent avec le peuple ; les prisonniers sont délivrés ; les portes de la prison sont en partie brisées, les insurgés travaillant à les démolir ; à la vue de la garde nationale, ils se retirent derrière la barricade établie en tête de la place. Le capitaine Dunoyer les somme de ne pas continuer une destruction inutile. Ils répondent par les cris de *Vive la garde nationale! vive la réforme!* « Oui, *vive la réforme!* réplique Dunoyer ; que ceux qui la veulent nous suivent, et avec ordre et discipline. » La compagnie, aidée du peuple qui lui tend la main, franchit la barricade ; les insurgés se rangent docilement à sa suite. Une autre barricade est franchie ; de nouveaux volontaires viennent grossir les rangs. Presque tous sont sans fusils ; le capitaine propose d'aller désarmer la caserne des municipaux de la rue de Tournon ; la colonne le suit avec enthousiasme par les rues des Boucheries et de Seine. A l'entrée de la rue de Tournon, on apprend que la caserne est déjà occupée par la 11e légion. La colonne se dirige alors, par la rue du Petit-Bourbon-Saint-Sulpice, vers la caserne des sapeurs-pompiers de la rue du Vieux-Colombier. Les portes sont fermées : on les frappe fortement avec les crosses de fusil ; alors un capitaine des pompiers se présente à une fenêtre du rez-de-chaussée ; le capitaine Dunoyer lui ordonne de donner des armes. Après quelques pourparlers, le capitaine des pompiers fait passer par la fenêtre cinquante fusils environ ; ils sont chargés. Un coup de fusil part accidentellement, plusieurs volontaires croient à une attaque, ils crient : *Vengeance!* et se disposent à mettre le feu aux portes de la caserne. Les chasseurs parviennent enfin à les rassurer et à rétablir l'ordre.

La colonne, alors composée de quatre à cinq cents hommes, armés de fusils, de haches, de sabres et de barres de fer, se dirige, au chant de la *Marseillaise*, vers le musée d'artillerie de la place Saint-Thomas-d'Aquin. Réfléchissant que ce musée renferme des objets d'art, dont la perte serait immense pour la nation, le capitaine Dunoyer propose de marcher sur la caserne de Babylone.

La colonne s'arrête à l'entrée de la rue de Babylone ; le

sous-lieutenant Baudot, quelques chasseurs, deux élèves de l'Ecole et plusieurs volontaires armés, se rendent en parlementaires à la caserne. Le sergent du poste revient avec eux; il assure que la caserne est complétement évacuée, qu'elle n'est occupée que par quelques conscrits; il jure de ne pas faire feu sur le peuple, propose de recevoir au poste des hommes de de la colonne et demande à garder ses armes, « préférant, dit-il, mourir que de les rendre. — Vous êtes un brave, répond Dunoyer; rentrez à votre caserne, la patrie a besoin de défenseurs comme vous. »

Averti que le peuple menace de brûler la nouvelle prison militaire, rue du Cherche-Midi, le capitaine dirige sa troupe sur ce point. En ce moment le désordre se met dans les rangs; Dunoyer ordonne un roulement, met en ligne toute sa colonne, les chasseurs en tête, s'élance sur le trottoir opposé, et s'écrie avec force : « J'entends de toutes parts des murmures, le commandement est impossible sans discipline; voulez-vous obéir à mon commandement? Si quelqu'un d'entre vous se sent plus capable de commander que moi, qu'il sorte des rangs, qu'il prenne mes épaulettes et mon sabre, et je rentre dans les rangs. » Toute la colonne répond avec enthousiasme : « Vive le capitaine! nous lui obéirons.—En avant donc, reprend Dunoyer, et avec ordre. » La colonne s'ébranle, tambours en tête, et se dirige vers la prison militaire. Le peuple avait désarmé le poste du conseil de guerre et délivré les prisonniers; le feu, alors éteint, avait détruit en partie les portes. La garde nationale est reçue avec acclamation. Le peuple aide à franchir la barricade établie à l'entrée de la rue du Regard; le drapeau du conseil de guerre, à demi brûlé, est emporté par un volontaire, qui le garde constamment à la tête de la colonne jusqu'à la fin de l'expédition. On se remet en marche aux cris de *Vive la réforme!*

La colonne, renforcée par le peuple vainqueur du poste, se trouve alors composée de 1,500 hommes environ; elle parcourt la place de la Croix-Rouge, les rues du Four, de Bussy, traversant de nombreuses barricades et marchant sur des bouteilles cassées que les insurgés ont répandues pour s'opposer aux charges de la cavalerie. Le peuple avait été chargé peu de temps avant, dans la rue Dauphine, par la garde municipale à cheval.

Les défenseurs des barricades de ces différentes rues se sont réunis à la colonne ; Dunoyer s'engage dans la rue Saint-André-des-Arts, dans le but de désarmer le poste qui occupe cette rue. En ce moment le sang coulait dans tous les quartiers de Paris. Dunoyer veut terminer la lutte par un coup hardi et décisif ; sa troupe est nombreuse ; elle est pleine de courage et d'enthousiasme. Le capitaine donne l'ordre de marcher sur les Tuileries. Cette proposition est couverte d'applaudissements frénétiques ; la colonne pénètre par la rue Contrescarpe dans la rue Dauphine. Le Pont-Neuf est occupé par un régiment de dragons et la garde municipale ; celle-ci a déjà chargé le peuple ; le combat est probable. Dunoyer avance résolûment à la tête de ses intrépides compagnons : on entonne énergiquement la *Marseillaise*. Les troupes qui stationnent sur le Pont-Neuf restent immobiles ; la colonne se dirige vers le pont des Saints-Pères par le quai Conti.

Sur le quai Malaquais, environ dix gardes nationaux à cheval, venant des Tuileries, accourent vers la colonne, agitant chacun un mouchoir blanc. Deux d'entre eux s'approchent des insurgés et s'écrient : « N'avancez pas, tout est fini ; le roi abdique, la réforme est accordée. » Des cris, des murmures éclatent de toutes parts. « Nous n'avons plus foi à des paroles, répond Dunoyer ; nous avons été trop souvent trompés ; nous ne quitterons les armes que lorsque la troupe aura quitté Paris : nous marchons sur les Tuileries. » La colonne s'ébranle ; les gardes nationaux à cheval ont disparu par la rue des Saints-Pères.

La petite armée est arrivée au pont des Saints-Pères ; en ce moment un général, accompagné d'un officier supérieur d'état-major, parcourt rapidement à cheval le quai Malaquais, et se dirige vers les insurgés. Un coup de feu se fait entendre. Quelques insurgés, pensant que le général a tiré sur eux, ripostent par des coups de fusil ; le général disparaît par la rue des Saints-Pères. Son aide de camp est arrêté ; le volontaire Laurent maintient le cheval par la bride ; le peuple est menaçant ; l'officier est désarmé, les sacoches de la selle sont trouvées vides ; son sabre lui est alors rendu, et le chasseur Catin met cet officier en sûreté dans l'hôtel de la première division militaire, en conduisant le cheval par la bride.

Le pont des Saints-Pères est gardé par un détachement de la ligne, commandé par deux officiers; la rive droite de la Seine est occupée militairement, les quais sont garnis de nombreux soldats; il est probable que de nombreux régiments gardent la place du Carrousel. Le capitaine Dunoyer et sa colonne ignorent complétement les dispositions de ces troupes. Le peuple peut être foudroyé sur le pont; Dunoyer ordonne de marcher en avant. La colonne hésite; un grand nombre, convaincus que la régence est proclamée et la lutte terminée, se retirent par la rue des Saints-Pères pour rejoindre le 4ᵉ bataillon. Six élèves de l'Ecole polytechnique se retirent avec eux. Interpellés par les chasseurs Darche et Gatteaux et les volontaires Lacombe fils et Monpion, tous résolus à passer sur la rive droite, ils répondent : « Le roi a abdiqué, tout est fini ; d'ailleurs nous avons promis à nos chefs de ne pas sortir de la limite de l'arrondissement que le sort nous a désigné, d'éviter aussi toute effusion de sang, et de n'agir que par des voies de conciliation. » Quatre élèves restent dans les rangs, protestant qu'ils seront fidèles à leur serment de ne pas sortir l'épée du fourreau, s'exposant cependant aux dangers de l'audacieuse tentative ordonnée par Dunoyer.

L'intrépide capitaine est un moment attéré par cette séparation imprévue ; sa colonne, forte une heure avant de 2,000 hommes environ, se trouve réduite à 150 hommes : sa responsabilité de commandant devient immense; mais, à voir l'ardeur et l'enthousiasme de ses compagnons d'armes, il reprend courage, et donne l'ordre de marcher en avant, tambours en tête. On entonne la *Marseillaise*. La colonne s'arrête ; Dunoyer s'avance vers le commandant du détachement qui occupe le pont ; après quelques pourparlers, ce commandant se décide à se replier sur le quai des Tuileries, alors occupé, à gauche du pont, par le 57ᵉ de ligne, et à droite, par le 7ᵉ régiment de cuirassiers, arrivant du Pont-Neuf, à pied, les soldats conduisant leurs chevaux par la bride. Deux pelotons d'infanterie gardent l'entrée du pont et les trottoirs. Là colonne intrépide traverse silencieusement le pont, le capitaine en tête, les tambours battant la charge ; on croit à chaque instant être mitraillé. La colonne s'arrête, Dunoyer s'avance vers l'officier qui commande à la tête du pont, et lui annonce que les trois légions de la rive gauche s'avancent avec tout le peuple en armes, et qu'il en est l'avant-garde. Cet officier se porte vers son colonel ; après quelques paroles, le colonel élève la poignée de son épée ; aussitôt les soldats dressent la crosse de leurs fusils, les officiers commandent un mouvement, un passage est ouvert à la colonne révolutionnaire. La musique joue la *Marseillaise*, le peuple fraternise avec les soldats, aux cris de : *Vive la ligne! vivent les cuirassiers! vive la garde nationale! vive le peuple!*

La colonne se divise alors en deux groupes : l'un pénètre dans le Carrousel par le guichet le plus rapproché du pont Royal ; l'autre, sous la conduite de Dunoyer, s'engage sous le guichet du pont des Saints-Pères, et débouche sur la place du Carrousel ; en ce moment, trois coups de canon retentissent ; on entend une fusillade bien nourrie ; un volontaire est blessé à la main (1). La colonne se replie vers le pont des Saints-Pères ; le désordre est dans les rangs. A la voix impérative de Dunoyer, l'ordre se rétablit, la colonne avance résolûment et pénètre sur la place du Carrousel. Cette place est évacuée ; les insurgés aussitôt se divisent en groupes de tirailleurs. La fusillade continue, chacun ignore le lieu du combat, la colonne se croit attaquée ; un piqueur de la cour, couvert de la livrée royale, venant à cheval du côté du Louvre, se dirige rapidement vers les Tuileries ; des coups de fusil partent d'un groupe de tirailleurs ; le piqueur et le cheval tombent morts.

La cour des Tuileries est occupée par de nombreuses bataillons d'armes diverses ; l'artillerie commence à défiler par le guichet du pont Royal. Le chasseur Tordeux en avertit Dunoyer, pensant que ce régiment sort des Tuileries pour venir au guichet des Saints-Pères fermer toute retraite à la colonne

---

(1) Par un détachement de chasseurs d'Orléans, qui firent feu de la cour des Tuileries sur la tête de la colonne.

et la mitrailler. Sur l'ordre du capitaine, le chasseur Tordeux sort du guichet, et voit le régiment se diriger vers le pont de la Concorde. Il avait sans doute reçu l'ordre de protéger la retraite de Louis-Philippe à sa sortie du château.

Le capitaine Dunoyer rassemble alors les groupes de tirailleurs; les tambours Pagniez et Sauvineau battent la charge, la colonne se reforme et se dirige vers le poste de l'état major, où stationne, l'arme au pied, la garde nationale de service formée par plusieurs légions (4ᵉ, 5ᵉ et surtout la 6ᵉ). Dunoyer place sa colonne à la suite de ce bataillon, s'approche du commandant, l'invite à se joindre à lui et à pénétrer ensemble dans les Tuileries. Cet officier refuse : « Son bataillon, dit-il, fait un service commandé, il ne peut y manquer sans ordre supérieur. » Dunoyer ordonne de marcher en avant. Presque aussitôt le bataillon de service, sur un ordre reçu, se dirige vers la rue de Rivoli, et se met en ligne sur les trottoirs, près le guichet de l'Echelle ; 50 gardes nationaux environ se détachent; ils entrent par ce guichet, et se rangent en bataille le long de la grille : la colonne Dunoyer traverse immédiatement le guichet et se déploie dans la cour des Tuileries. Les cris *Vive la réforme !* retentissent ; la garde nationale de service persiste dans son silence.

La cour des Tuileries est occupée par d'autres compagnies de la 6ᵉ légion, stationnant, l'arme au pied, en ligne, au devant du pavillon de l'Horloge : plusieurs compagnies du 52ᵉ sont rangées en bataille, au devant du poste du drapeau de la ligne ; un régiment de cavalerie et un bataillon du génie stationnent, bien en avant du poste du drapeau de la garde nationale. Dunoyer s'approche du commandant du 52ᵉ, et lui demande quelles sont ses intentions. Incomplétement rassuré par la réponse pacifique du commandant, Dunoyer approche un sergent et lui demande s'il a beaucoup de cartouches; celui-ci montre sa giberne vide.

En ce moment le valet de chambre du comte de Paris s'approche de Dunoyer, lui annonce que la duchesse d'Orléans et le comte de Paris sont à la chambre des députés, et le prie de monter dans une voiture royale qui est placée dans la cour, au devant des appartements de la duchesse d'Orléans, afin de protéger leur retour aux Tuileries. Il lui promet qu'aucun prix ne sera mis à ce service. Dunoyer répond : « Nous ne sommes pas ici pour la cause des princes, mais pour celle du peuple ; mon devoir est de rester à la tête de ma colonne. » Quelques moments après, M. Lemercier, colonel de la 10e légion, supplie encore inutilement Dunoyer de se rendre à cette invitation. Un gardien des Tuileries, interrogé, dit que le roi est probablement encore au château. Le capitaine ordonne à sa colonne de marcher en avant, vers le pavillon de l'Horloge. Les insurgés défilent à côté de la garde nationale aux cris de *Vive la réforme ! vive la république !* La garde nationale reste immobile et silencieuse.

A l'entrée du pavillon de l'Horloge, le colonel Bilfeld, pâle, défait, dans un état de prostration extrême, se jette dans les bras du capitaine Dunoyer ; celui-ci le rassure, l'engage à rentrer dans son appartement et à quitter immédiatement son uniforme pour éviter tout danger ; les insurgés montent le grand escalier du pavillon de l'Horloge. Aucun obstacle ne ralentit leur marche à travers les appartements jusqu'à la salle du trône. Chose remarquable, dans une pièce était un domestique occupé à nettoyer tranquillement avec une serviette l'intérieur d'un verre à lampe, tant était grande peu d'instants avant la confiance aux Tuileries. La colonne avance toujours ; le général Carbonel est rencontré couvert d'un caban.

Arrivé à la salle du trône, le capitaine Dunoyer s'élance le premier et s'assied sur le fauteuil, monte dessus, le foule aux pieds, et arrache un des drapeaux qui surmontent le trône. Chacun de ses valeureux compagnons s'assied à son tour sur le fauteuil, et descend tranquillement l'escalier aux cris de *Vive la république !* Un officier de la 5e légion pénètre rapidement au milieu des insurgés, se précipite sur les degrés du trône ; il commence un discours chaleureux en faveur de Louis Napoléon. Les insurgés l'interrompent brusquement par les cris de *Vive la république !* Avant de quitter la salle du trône, Dunoyer, ayant à ses côtés le chasseur Cochet, écrit avec la

_____

(1) A cet appel fait sur le trône brisé, l'Europe a déjà répondu.

pointe de son sabre ces mots sur les moulures qui surmontent le fauteuil :

Le peuple de Paris à l'Europe entière :

LIBERTÉ, ÉGALITÉ, FRATERNITÉ.

24 Février 1848.

DUNOYER (1).

Sortie de la salle du trône, la colonne traverse les appartements qui conduisent au Musée. Tout à coup s'ouvre une porte à double battant ; les insurgés se trouvent en face, à dix pas, d'un détachement de gardes municipaux au nombre de 364, sous le commandement d'un maréchal des logis (les officiers avaient fui peu de temps auparavant); la colonne s'arrête, on crie de toutes parts : *Nous sommes trahis.* Les fusils s'abaissent. Le capitaine s'avance vers le maréchal des logis ; celui-ci, élève la crosse de son fusil, ses soldats suivent son exemple. Les municipaux déposent leurs armes ; chacun d'eux est porteur de 41 cartouches, les insurgés s'en emparent. Dunoyer s'écrie aussitôt : « Respect au malheur, protégeons la retraite de ces hommes, qui sont à présent nos frères. — Si cela est ainsi, s'écrient les municipaux, *A bas Guizot! vive la réforme!* Immédiatement les insurgés se dépouillent de leurs habits, casquettes, blouses, bourgerons, en couvrent les municipaux, protégent leur retraite à travers les flots de peuple qui déjà encombrent les Tuileries, et les reconduisent en lieu de sûreté, au poste du drapeau de la ligne. Le brave citoyen Lacombe, qui n'avait pas quitté un instant la colonne, prend le maréchal des logis sous son bras, le ramène dans sa propre maison, rue des Boucheries, 34, et lui donne pendant plusieurs jours la plus fraternelle hospitalité. D'autres citoyens imitent ce noble exemple (2).

Le capitaine Dunoyer rallie autour de lui ses intrépides compagnons, et leur dit : « La duchesse d'Orléans est à la cham-

_____

(2) Le maréchal des logis a rapporté qu'au moment où la colonne Dunoyer pénétra sur la place du Carrousel, Louis-Philippe était avec eux, qu'il regardait sur la place et qu'il dit aussitôt : « Voici la garde nationale et le peuple ensemble, je suis perdu ; mes amis, il faut partir. » Suivant ce sous-officier, les trois coups de canon tirés au même moment

bre des députés avec le comte de Paris pour y faire proclamer la régence. Marchons sur la chambre ; allons porter-là désolation et la terreur dans les rangs des conservateurs ! » Les Tuileries retentissent des cris : *A la chambre ! à la chambre ! Pas de régence ! Vive la république !*

Les insurgés sortent des Tuileries par le guichet du pont Royal, traversent le pont, et se dirigent par le quai d'Orsay vers la chambre des députés. Le peuple, qui commence à garnir les quais, applaudit aux cris de *Vive la république ! Pas de régence !* Au niveau de la rue Belléchasse, un grenadier de la garde nationale apporte une proclamation signée *Lamoricière*. Elle annonce la régence et la nomination du général Lamoricière au commandement de la garde nationale et des troupes de Paris. La colonne continue sa marche aux cris de *Vive la république ! Pas de régence !*

Près du palais Bourbon, le général Gourgaud, commandant les troupes qui cernent la chambre (2,000 hommes environ), s'élance vers la colonne, s'efforce de s'opposer à son passage. « Que faites-vous ? N'avancez pas, n'allez pas troubler les délibérations de la chambre ; M. Crémieux est à la tribune, c'est l'ami du peuple, il discute vos intérêts ; attendez la décision de la chambre. » De toutes parts on lui adresse des interpellations énergiques : « Général, s'écrie Dunoyer, le peuple qui a su conquérir la liberté au prix de son sang, qui vient de prendre les Tuileries, saura bien lui-même discuter ses intérêts à la tribune. » Aussitôt le capitaine s'élance, suivi de son intrépide colonne. En vain le député Marie s'efforce-t-il de s'opposer à leur passage, les engageant à attendre la décision de la chambre : tous les obstacles sont renversés ; la garde nationale de service au palais s'écarte ; la foule se précipite jusqu'à la porte d'entrée de la salle des séances. Dunoyer est arrivé le

étaient disposés pour avertir la famille royale de l'arrivée sur la place de la garde nationale et du peuple : c'était le signal du départ. Ces canons étaient chargés à blanc. — Un insurgé qui se trouvait à la place de la Concorde, et qui vint se joindre à la troupe de Dunoyer sur le pont Royal, avait vu sortir Louis-Philippe un quart d'heure avant environ. Ainsi ces faits prouvent que c'est à la colonne Dunoyer que fut dû le départ de la famille royale.

premier; il s'arrête; et lorsque sa troupe est devenue compacte, éloignant l'huissier de service qui s'oppose à son entrée, il pénètre dans la chambre, suivi de sa colonne, et s'élance à la tribune (1). Appuyant alors fortement sur le marbre le drapeau arraché au trône, brandissant son sabre au-dessus de la tête, il s'écrie d'une voix tonnante, qui domine le tumulte soudain et indéfinissable de l'assemblée : « Il n'y a plus ici d'autre autorité que celle de la garde nationale, représentée par moi, et celle du peuple, représentée par 40,000 hommes qui cernent cette enceinte (2). » En ce moment, l'aspect de la

(1) Lorsque la colonne Dunoyer fit invasion dans la chambre, des officiers de la dixième légion, appartenant au parti réformiste, étaient déjà dans la salle des séances, le capitaine Dutot entre autres ; alors que leurs compagnies étaient sous les armes, ils s'en étaient séparés ainsi que M. Pagnerre, et s'étaient portés dans le salon de M. Odilon Barrot. Ils avaient accompagné ce député à la chambre dans le but de concourir à la proclamation de la régence et de donner par leur présence, à cet acte contre-révolutionnaire, une sorte de caractère national. J'ai dit hautement ces faits à la tribune, à la réunion préparatoire du deuxième bataillon, au palais Bourbon. Ils n'ont pas été contestés. Ils appartiennent à l'histoire.

Qu'on ne se méprenne pas d'ailleurs sur mon intention, les mots *républicain de la veille* et *républicain du lendemain* n'ont, suivant moi, actuellement aucun sens. Il y a une distinction plus actuelle et bien plus utile à établir, au moment surtout des élections : 1° ceux qui n'ont vu et ne voient encore dans le gouvernement nouveau que la course aux places et aux honneurs ; 2° ceux qui, profondément préoccupés des circonstances graves du moment et du grand avenir réservé à notre patrie, démasquent les intrigues et veillent au salut de la république.

De grâce donc, citoyens-messieurs, mettez-vous au pas républicain ; ne vous posez point en fondateurs et en protecteurs de la république ; sinon, nous vous rappellerons souvent que, sur la table déserte de votre banquet, vous nous avez servi en dernier lieu la régence, et que le peuple qui riait sous cape, vous soulevant brusquement par le bras, comme des faibles enfants, vous a portés d'un bond et tout ébahis vers la république.

(2) Par une coïncidence remarquable, ce fut à l'instant même où Larochejaquelein disait à la chambre : « Vous n'êtes plus rien, » que la colonne révolutionnaire envahit le palais Bourbon. Avant que Dunoyer eût parlé, la proclamation de la régence était pour le moins très-probable ; après, la république seule était possible. Sans doute le jour même le peuple aurait proclamé la république à l'hôtel de ville, mais la chambre ayant déjà proclamé la régence, que serait-il advenu ? Paris et la France auraient-ils été livrés aux horreurs de la guerre civile ? — Hon-

chambre est terrible ; les insurgés envahissent tumultueuse-
ment l'hémicycle et les couloirs. Le président Sauzet, pâle et
défait, agite vainement sa sonnette ; Odilon Barrot est au pied
de la tribune, adossé, immobile, les bras croisés sur la poitrine,
la face pâle et calme, les yeux dirigés vers le ciel. Larochejaquelein parcourt en souriant l'hémicycle, au milieu des insurgés, et s'écrie : « Tant pis pour eux, nous allons droit à la république. — Quel mal y a-t-il à cela ? ajoute Dunoyer. — Aucun, » répond Larochejaquelein. Sur l'escalier de la tribune, à
droite, Lamartine, grave et impassible, profondément préoc-
cupé, promène son regard sur l'assemblée. La gauche est immobile ; les centres sont au grand complet, consternés, frap-
pés de stupeur ; au milieu d'eux, un seul, debout, s'écrie avec
énergie : « C'est infâme, c'est affreux ! Il n'y a plus de liberté !
La représentation nationale est violée par une horde de
brigands ! » Un homme du peuple s'élance, l'accoste, et,
montrant le poing, lui dit d'une voix forte et calme : « Veux-
tu taire ta gueule (1) ! » Le député s'assied, tâche de calmer
son terrible interlocuteur, prend son chapeau, bas de forme et
à larges bords, et disparaît. Nous regrettons d'ignorer le nom
de cet honorable député, le seul des membres du centre qui
ait fait preuve, dans ce moment terrible, de courage et d'é-
nergie (2).

Le capitaine Dunoyer n'a pas quitté la tribune sur laquelle
il maintient son drapeau ; à sa droite Ledru-Rollin, appuyé
sur le marbre, semble interroger du regard les dispositions de
la foule. On crie : *Vive la République !* — « Vous voulez la

neur donc à ces intrépides insurgés qui, dans l'espace d'une heure, fou-
lèrent aux pieds la royauté aux Tuileries et proclamèrent les premiers
la république à la tribune du palais Bourbon !

(1) Je renvoie ceux qui s'effaroucheront de ce mot aux vers d'Au-
guste Barbier :

> La Liberté n'est pas une comtesse
> Du noble faubourg Saint-Germain, etc.

Dieu nous donne quelques années de bonne république et de fraternité,
et toutes ces rudesses de langage auront disparu !

(2) On nous assure que ce député était **M. de Mornay.**

république, dit-il, mais vous n'êtes pas tout le peuple, vous n'en êtes qu'une faible portion. » Il attend vainement que le calme se rétablisse pour prendre la parole. Dunoyer, ne pouvant se faire entendre, agite son drapeau avec calme, et, du geste, il réclame le silence. Toujours obéissant aux ordres de son capitaine, le peuple se calme, le silence se rétablit. Dunoyer annonce que M. Ledru-Rollin va prendre la parole. On écoute, on applaudit; les députés du centre restent silencieux, leurs bancs commencent à se dégarnir, la gauche est immobile ; plusieurs citoyens montent à la tribune et s'efforcent de se faire entendre (1). Enfin, Lamartine prend la parole, la foule répond par des applaudissements énergiques. Pendant qu'il parle, une foule d'hommes du peuple et de gardes nationaux se précipitent dans la chambre, le peuple s'assied sur les bancs désertés par les centres, les tribunes sont envahies et bientôt complétement remplies par des citoyens armés de fusils, de sabres, de piques et de barres de fer. Le président Sauzet est dans un état de prostration complète, il se couvre. De toutes parts éclatent des murmures, une voix tonnante domine le tumulte : « Chapeau bas, respect au peuple. » Un huissier s'approche du président, et lui enlève son chapeau. Pendant que Lamartine est à la tribune, un homme du peuple dirige son fusil sur lui, le capitaine Dunoyer le couvre immédiatement de son corps, lui disant : « *On vous mire. — Si* on me tue, répond Lamartine, en frappant fortement de la main le marbre de la tribune, du moins je meurs à ma place. » Le sergent Duvillard avait heureusement relevé avec la main le canon du fusil (2).

Après le discours de Lamartine, les députés du centre ont complétement disparu ; vingt députés de la gauche environ sont restés à leurs bancs ; des hommes du peuple et les gardes

(1) Entre autres un monsieur revêtu des épaulettes de chef de bataillon, mais sans commandement, inconnu des insurgés de la 1re invasion, et qui s'était introduit à la suite de la colonne Dunoyer. C'était M. Dumoulin. (Voir parmi les pièces justificatives la lettre au rédacteur du *Moniteur*.)

(2) Ce fait s'explique par cette circonstance que beaucoup d'insurgés crurent voir pendant quelques instants le ministre Guizot dans la personne de M. de Lamartine.

nationaux siégent à la place des représentants du privilége ; la salle retentit des cris de *Vive la république!* Un homme du peuple s'approche du président Sauzet et lui dit : « Président des corrompus, va-t'en. » Sauzet a disparu. Le fauteuil de la présidence est inoccupé. Le député Carnot prend le bras de Dupont (de l'Eure) et le conduit au fauteuil, aux acclamations de la foule. Le peuple est roi ; on procède à la nomination des membres du gouvernement provisoire. MM. Crémieux, Ledru-Rollin, le capitaine Dunoyer, les chasseurs Veron, Cochet et beaucoup d'autres citoyens occupent la tribune. Ledru-Rollin lit les noms inscrits sur une liste formée par un grand nombre de citoyens. Quelques noms sont couverts d'acclamations, d'autres vivement contestés, d'autres unanimement repoussés : Lamartine ; Ledru-Rollin, Dupont (de l'Eure), Arago, Crémieux sont seuls admis. Après la proclamation de ces noms, la salle retentit des cris : *A l'hôtel de ville, allons installer le gouvernement provisoire* (1).

Alors seulement Dunoyer descend de la tribune, sur laquelle il a maintenu pendant une heure et demie le drapeau conquis aux Tuileries. On se met en marche. M. Crémieux s'empare du bras du capitaine, le favori du peuple en ce moment. A la sortie du palais, un homme perce la foule, s'élance vers Dunoyer, et place sur son schako une couronne d'immortelles ; le peuple applaudit et s'écrie : « Vive notre brave capitaine ! » Dunoyer prend la couronne et la place sur son drapeau. On presse M. Crémieux de prendre une voiture ; le capitaine lui dit : « En ce moment il est digne qu'un membre du gouvernement provisoire se rende à pied à l'hôtel de ville à la tête du peuple. » M. Crémieux est aussitôt entraîné dans une voiture par des messieurs, qui, sans doute, ne viennent pas des barricades. Le cortége continue sa marche aux cris de *Vive la république! vive Dupont de l'Eure! vive Lamartine, vive le gouvernement provisoire!*

(¹) Aucun des insurgés n'a pu me donner des détails précis sur la position de la duchesse d'Orléans, du duc de Nemours et du comte de Paris. Un groupe nombreux s'était formé autour de ces malheureux princes, et l'on disait que la duchesse d'Orléans se trouvait mal.

Lamartine est en tête de la colonne, Dunoyer derrière lui. Autour de Lamartine se pressent déjà une foule de gens en toilette qui, le combat fini, alléchés par l'odeur des places, accourent vite à la curée. Le peuple héroïque suit, ivre de sa victoire, perdu dans la foule, déjà débordé par les intrigants. Le soir même on est déjà au lendemain. Sur le quai Voltaire, des insurgés, venus en ce moment des Tuileries, reconnaissent Dunoyer, ils s'écrient : « Vive notre capitaine ! — Non, dit-il, vive la république ! » Une femme du peuple, jeune et belle, armée d'un sabre, couverte de buffleteries comme un soldat, se précipite sur Dunoyer, l'embrasse en criant : Vive la république ! Le vaillant capitaine se prête gracieusement et en souriant à cette accolade républicaine.

Le cortége arrive enfin à l'hôtel de ville : le combat est fini, la victoire est gagnée ; la curée commence, le rôle de Dunoyer et de ses intrépides chasseurs est terminé. Leur seule pensée est l'honneur de la 10ᵉ légion ; fiers du drapeau conquis sur le trône, ils se dirigent vers la mairie du 10ᵉ arrondissement, pour y déposer ce trophée de la victoire. Le peuple avait arboré le drapeau rouge, et déjà détruisait partout le drapeau tricolore. Sur le quai Pelletier, un groupe de citoyens se précipitent sur Dunoyer, et veulent lui arracher son drapeau. Dunoyer résiste, assisté des chasseurs Véron, Cochet, Monpion, Lefebvre, Vidon, qui ne l'ont pas quitté de toute la journée, et des volontaires Borjat et Durot. Le peuple insiste et menace ; l'un lui applique un pistolet sur la gorge, l'autre lève un poignard sur lui. Dunoyer va mourir pour son drapeau. Un citoyen se précipite entre le capitaine et les assaillants : « Que faites-vous ? s'écrie-t-il ; c'est le capitaine des Tuileries : ce drapeau est le drapeau pris sur le trône, laissez-lui son titre de gloire. — C'est différent alors, disent-ils, nous allons l'accompagner et protéger sa marche. » Enfin, Dunoyer et ses chasseurs arrivent à la mairie, et déposent entre les mains du maire le drapeau orné par la main du peuple d'une couronne d'immortelles. Procès-verbal est rédigé de la remise de ce trophée, et signé par tous les assistants.

Le capitaine et ses chasseurs se séparent. Chacun rentre dans son domicile, content de sa journée,

Le 5 mars, le général Courtais écrit au colonel de la 10e légion, et le charge de lui faire connaître les noms des officiers et gardes nationaux qui s'étaient le plus distingués dans les journées des 23 et 24 février. Voici la réponse (*Constitutionnel du 7 mars*) ; je souligne certains mots :

> Général,
>
> Nous avons l'honneur de vous accuser réception de la lettre du 5 mars, ayant pour objet de vous faire connaître les noms des officiers et gardes nationaux qui se sont le plus distingués dans les journées des 23 et 24 février.
>
> Après avoir consulté les citoyens les plus dévoués de la légion, nous avons reconnu que la satisfaction d'avoir rempli son devoir est la première et la plus honorable récompense d'un vrai républicain, et qu'en présence des circonstances, nous devons ajouter au *témoignage de notre conscience*, qui nous suffit, le *bon exemple d'une abnégation que vous apprécierez.*
>
> Nous sommes, général, avec le plus profond respect, vos dévoués serviteurs :
>
> Le colonel, Hingray,
> Le lieutenant-colonel, Dehay.

Les commentaires sur cette lettre seraient nombreux et pénibles. Quels sont les citoyens les plus dévoués de la légion ? On répond : *C'est nous et nos amis.* Le 24 février, vers le soir, ces messieurs, s'étant également rassemblés, avaient posé cette autre question : Quels sont les citoyens les plus capables ? Ils répondirent unanimement : *C'est nous et nos amis.* N'est-ce pas là marcher vers une nouvelle aristocratie, l'aristocratie de la suffisance ? Sans doute, messieurs, vous avez rendu de grands services ; par votre agitation réformiste, vous avez conduit à la république.... sans le savoir. Mais si le matin du 23 février vous étiez ardents, très-ardents ; le 23 au soir, n'étiez-vous pas les modérateurs du mouvement ? Ne craigniez-vous pas les *excès de zèle ?* Nous étions dans les rangs de votre bataillon, nous vous avons vus à l'œuvre (1).

Le 24 février, la 10e légion s'honore par des actes héroïques

(1) Le 23 février, vers dix heures, M. Lemercier, colonel de la 10e lé-

et d'une portée politique immense ; ces actes sont dignes de l'histoire ; on vous demande de les signaler, vous vous efforcez de les étouffer par le silence ! Ah ! si vous ou les vôtres aviez eu le commandement à la prise des Tuileries ou à l'invasion du palais Bourbon, dites-nous franchement, auriez-vous gardé le silence? Sous les allures de la modestie, ne faites-vous pas preuve d'outrecuidance, lorsque vous dites : « Nous devons ajouter, au témoignage de notre conscience, qui nous suffit, le bon exemple d'une abnégation que vous apprécierez. »

La mission d'historien devient pénible ; je m'arrête.

gion, vint faire l'inspection du 4ᵉ bataillon, stationnant dans la rue Taranne; le colonel nous dit : « Tout se calme, messieurs; en vous réunissant, on a voulu seulement faire une manifestation ; on a calomnié la garde nationale, nous avons voulu montrer qu'elle est toujours dévouée au gouvernement. » M. Bixio s'approchant, lui dit avec énergie : « Colonel, nous maintiendrons l'ordre, mais nous voulons la réforme. » Aussitôt un tonnerre de *Vive la réforme !* retentit dans tout le bataillon. Le colonel fut forcé de se retirer. Plus tard, le changement de ministère est annoncé. Notre compagnie, ayant ensuite parcouru le 10ᵉ arrondissement aux cris de *Vive la réforme! Vive la ligne!* revint stationner à la rue Taranne. M. Bixio s'élança vers nous s'écriant : « Messieurs, je suis honteux de ce que vous venez de faire.— C'est vraiment par trop fort, messieurs. Nous ne devons avoir de zèle pour la réforme et d ucœur pour la patrie que dans la mesure qui vous convient, juste, là, ni plus, ni moins. C'est donc là votre modestie... ô importants ! » Le citoyen Bixio est actuellement chef de cabinet du gouvernement provisoire.

PIÈCES JUSTIFICATIVES.

1.

Liste des citoyens combattants auxquels lecture a été faite de cette notice avant l'impression et qui en ont attesté l'exactitude.

Gardes nationaux.

MM. Cochet, rue du Four, 78 ;

Veron, rue du Dragon, 42 ;

Vidon, rue de Bussi, 17;

Seguin, rue de Bussi, 29 ;

Gatteaux, rue de Grenelle-Saint-Germain, 47 ;

Hache, rue du Dragon, 29 ;

Girard, rue du Dragon, 9 ;

Lefebvre, rue des Boucheries ;

P. Catin, rue Sainte-Marguerite, 9 ;

Pagniez, tambour, rue du Cherche-Midi, 33 ;

Sauvineau, tambour, petite rue Taranne, 2 ;

Tordeux, rue du Dragon, 5 ;

Darche, rue des Boucheries, 29 ;

Volontaires.

Monpion, rue des Marais-Saint-Germain, 6 ;

Lacombe père, rue des Boucheries, 54 ;

Lacombe fils, rue des Boucheries, 54 ;

Gozola, quai de la Tournelle, 55;

Not, ancien chirurgien de la garde impériale, rue Royale-Saint-Honoré, 23 ;

Cretin, rue du Vieux-Colombier, 25 ;

Ch. Laurent, rue de Sèvres, 14 ;

Durot, mécanicien au chemin de fer du Nord ;

Soulié, quai de la Tournelle, 35 ;

Perineau, petite rue Taranne, 2 ;

Borjat, rue Quincampoix, 10.

2.

Je, so ussigné, sous-officier de l'ex-garde municipale, commandant à défaut des officiers ayant déserté, vers une heure et demie, le poste qui leur était confié aux Tuileries, le 24 février dernier, déclare que la prise des Tuileries n'est due qu'à l'officier et à la troupe, commandée par le capitaine Dunoyer de la 3e compagnie, 4e bataillon, 10e légion ; qu'en outre, c'est à ce détachement (peuple, citoyens et gardes nationaux) que nous avons rendu les armes et que, si le sang n'a pas coulé dans cette circonstance, c'est à la générosité et au sang-froid apportés par le commandant de ce détachement, qui a fait accompagner les gardes municipaux par une portion de sa troupe.

Le 2 mars 1848.

L'ex-maréchal des logis de la garde municipale,

ROUBIEU.

3.

Je, soussigné, chef du 1er bataillon de la 10e légion, commandant le piquet de service aux abords de la chambre des députés, le 24 février 1848, certifie que c'est le citoyen Dunoyer, capitaine de la 10e légion, qui est entré le premier à la

chambre des députés, à la tête d'une colonne de gardes nationaux et de citoyens, de l'avoir également vu s'élancer à la
tribune, porteur d'un drapeau tricolore, tribune que M. Dunoyer n'a quittée que pour accompagner le gouvernement
provisoire à l'hôtel de ville.

P. RAMOND.

4.

Le 24 février 1848, à cinq heures du soir, en présence de
M. de Jouvencel, député du 10e arrondissement; de M. Deque-
vauvillers, lieutenant-colonel de la légion; de M. le capitaine
Dehay, de la 1re compagnie du 4e bataillon; de M. le lieutenant Dufour de Neuville, de M. Chenillon, lieutenant de la
2e compagnie du 2e bataillon;

Nous, Thierriet et Roger, maire et adjoint dudit arrondissement municipal, avons reçu de M. Dunoyer, capitaine de la
5e compagnie du 4e bataillon de la 10e légion, accompagné de
M. Charles Cochet, chasseur de la même compagnie, de
M. Hippolyte Lesueur, libraire; de M. Cordouan, armurier,
chasseur de la même compagnie; de M. Durot, mécanicien au
chemin de fer; de M. Borgeat, rentier; de M. Laroche, ex-
sous-officier au 62e de ligne; de M. Rougier, employé, sergent
de la 4e compagnie du 4e bataillon,

Le drapeau qui surmontait le trône au palais des Tuileries;

Le capitaine Dunoyer déclarant que c'est à la bonne tenue
de la garde nationale et des citoyens qui l'accompagnaient, à

leur dévouement à l'ordre qu'est due l'absence de tout dégât et de tout acte de violence.

(*Suivent les signatures.*)

Pour copie conforme à l'original qui est déposé à la mairie.

17 mars 1848.

Le maire, Dⁱⁿ BEAUMETZ.

5.

La lettre suivante a été adressée au rédacteur du *Moniteur*, pour rétablir la vérité de la séance du 24 février. Par quelle influence occulte cette lettre n'a-t-elle pas encore paru dans les colonnes du *Moniteur ?*

« Citoyen rédacteur,

« L'officier commandant le détachement qui est entré à la chambre et s'est élancé à la tribune porteur du drapeau tricolore qui, quelques instants avant, flottait encore sur le trône, aux Tuileries, est M. Dunoyer, capitaine dans la 3ᵉ compagnie, 4ᵉ bataillon, 10ᵉ légion.

« Les paroles prononcées à la tribune par ce courageux citoyen sont textuellement les suivantes : « Il n'y a plus ici d'autre autorité que celle de la garde nationale, représentée par moi, et celle du peuple victorieux, qui cerne de toutes parts cette enceinte. Vive la liberté ! Pas de régence (1). »

« C'est dans ce moment suprême que le citoyen Ledru-Rol-

---

(1) Ces paroles ne sont pas exactement celles indiquées dans mon récit. Cette lettre avait été rédigée par un chasseur ; c'est en recourant au souvenir de tous et du rédacteur de la lettre que j'ai rétabli exactement les termes de l'allocution de Dunoyer.

lin s'est placé à la tribune, à la droite du capitaine Dunoyer. Ce député a eu un instant à sa droite un homme revêtu des épaulettes de chef de bataillon, et qu'on nous a dit depuis s'appeler Dumoulin. Mais ce qu'il y a de certain, c'est qu'il était sans commandement, sans autorité, inconnu de nous, et qu'il n'est entré à la chambre qu'après le capitaine Dunoyer, et par suite seulement de la voie pratiquée par ce dernier à travers les obstacles que nous opposait le général Gourgaud, commandant la troupe qui stationnait aux abords de la chambre. Le capitaine Dunoyer avait seul le commandement en chef des gardes nationaux et des autres citoyens qui sont entrés à la chambre, et qui ont déterminé, comme vous avez pu l'apprécier, la chute de la régence et la formation du gouvernement provisoire. Après le citoyen Ledru-Rollin, les députés Lamartine et Crémieux ont successivement occupé la tribune, le premier à la droite de M. Dunoyer, le second à sa gauche. Pendant que le citoyen Lamartine était à la tribune, un homme du peuple le met en joue de l'une des tribunes ; notre capitaine se place aussitôt devant cet orateur, pour le couvrir de son corps, et lui dit : « *On vous mire.* » Le citoyen Lamartine répondit ces paroles si remarquables : « Si on me tue, du moins je meurs à ma place. »

« Depuis son entrée à la chambre, M. Dunoyer n'est descendu de la tribune, où il a joué un rôle si important, que pour accompagner le gouvernement provisoire à l'hôtel de ville, tenant M. Crémieux à son bras gauche et son drapeau à sa droite. Ce même drapeau est aujourd'hui déposé à la mairie du dixième arrondissement, où procès-verbal a été dressé et signé par le maire, le lieutenant-colonel de la légion, le député de cet arrondissement, M. de Jouvencel, et par bon nombre de citoyens qui ont assisté M. Dunoyer, soit à la prise des Tuileries, soit à forcer l'entrée de la chambre.

« Tels sont, citoyen rédacteur, les faits dans leur plus rigoureuse exactitude, et attestés par des témoins, tous oculaires des événements de cette mémorable séance.

« Nous devons espérer, citoyen rédacteur, que, dans l'intérêt de la vérité, vous accueillerez avec empressement ces faits pour compléter l'histoire de cette séance.

« Nous sommes avec la plus parfaite considération, citoyen rédacteur,

« Vos bien dévoués serviteurs,

« MM. Veron, Cochet, Gatteaux, Seguin, Vidon, Lefebvre, Lacombe père, Lacombe fils, Durot, Gozola, Monpion. »